nouveau jus d'orange 1

méthode de français A1.1

Cahier d'activités

A. Cabrera
A. Payet
I. Rubio
E. F. Ruiz
M. Viera

Crédits photos

Couverture : Cherry-Merry / Adobe Stock ; sommai / Adobe Stock
De gauche à droite et de haut en bas.
page 6 : Frédéric Massard / Adobe stock – **page 10 :** Senoldo / Adobe stock – **page 11 :** pololia / Adobe stock ; anrymos / Adobe stock ; Mat Hayward Photography ; puzurin / Adobe stock ; asantosg / Adobe stock ; Lucky Dragon / Adobe stock ; Zerbor / Adobe stock ; alejomiranda / Adobe stock ; olgachan / Adobe stock – **page 12 :** pololia / Adobe stock ; Lozz / Adobe stock ; Beboy / Adobe stock ; MNStudio / Adobe stock ; Giuseppe .Porzani / Adobe stock – **page 13 :** stockphoto-graf / Adobe stock – **page 20 :** Pétrouche / Adobe stock , Elena Stepanova / Adobe stock ; Matthias G.Ziegler / Adobe stock – **page 21 :** Batra Art Press – **page 22 :** BAZ – **page 24 :** cristovao31 / Adobe stock – **page 28 :** lev dolgachov / Adobe stock ; 2015 Tiina Võsumägi, all rights reserved / Adobe stock ; lassedesignen / Adobe stock ; Frog 974 / Adobe stock ; zdravinjo / Adobe stock ; nikkytok / Adobe stock ; teracreonte / Adobe stock – **page 29 :** © BIS / Ph. Frédéric Hanoteau © Archives Nathan ; © BIS / © Archives Larbor – **page 31 :** © DPA / Photononstop, Alex / Adobe stock ; master1305 / Adobe stock ; snaptitude / Adobe stock ; svetography / Adobe stock ; lenets_tan / Adobe stock ; Andrey Popov / Adobe stock – **page 32 :** benemale / Adobe stock ; Andrey Popov / Adobe stock ; Stéphane Bidouze / Adobe stock ; by-studio / Adobe stock ; / Adobe stock, Guppyimages / Adobe stock ; Kandratsenkau / Adobe stock ; Ella M. Klomann / Adobe stock ; Graphithèque / Adobe stock ; rimmdream / Adobe stock ; / Adobe stock – **page 33 :** topvectors / Adobe stock ; lisagerrard99 / Adobe stock ; Brad Pict / Adobe stock – **page 34 :** burtsevserge / Adobe stock ; paseven / Adobe stock ; ylivdesign / Adobe stock ; Beboy / Adobe stock (x2) ; Maximo Sanz / Adobe stock ; Aleksandar / Adobe stock (x3) – **page 38 :** GraphicsRF / Adobe stock ; doomu / Adobe stock – **page 39 :** Craig / Adobe stock ; Valerii Zan / Adobe stock ; Africa Studio / Adobe stock ; Sashkin / Adobe stock ; normallens / Adobe stock (x 4) ; Bobb Klissourski / Adobe stock ; mikehana / Adobe stock – **page 41 :** Andrey Kiselev / Adobe stock – **page 42 :** rcfotostock / Adobe stock ; 5second / Adobe stock ; Anton Gvozdikov / Adobe stock ; Kristina Stasiuliene / Adobe stock ; MilsiArt / Adobe stock ; scusi / Adobe stock – **page 43 :** Batra Art Press – **page 44 :** Mikhail Yakovenko / Adobe stock ; silvioheidler / Adobe stock ; Steve Byland / Adobe stock ; Marc Andreu / Adobe stock; Satit _Srihin / Adobe stock ; Serghei Velusceac / Adobe stock ; BAZ ; Riza / Adobe stock ; BAZ – **page 45 :** Lorelyn Medina – **page 46 :** Stramyk Igor / Adobe stock ; ionoanomalia / Adobe stock ; Alexandr Vasilyev / Adobe stock ; Alexandr Kobelev / Adobe stock ; Nadine Haase / Adobe stock ; Kozioł / Adobe stock Kamila Ryoma Kawasemi / Adobe stock ; Do Ra (x3) – **page 48 :** Cora Müller / Fotolia – **page 49 :** SerrNovik / Fotolia – **page 51 :** stockpics / Adobe stock (x 4) ; iiievgeniy / Adobe stock ; elen_studio baphotte / Adobe stock ; Giuseppe Porzani / Adobe stock ; sergojpg / Adobe stock – **page 53 :** Olga / Adobe stock ; mafffi / Adobe stock ; Tarzhanova / Adobe stock ; Magdalena / Adobe stock ; COLOR PHOTO / Adobe stock – **page 54 :** adimas / Adobe stock – **page 55 :** Igor Zakowski / Adobe stock ; Andrey Kiselev / Adobe stock – **page 56 :** charnsitr / Adobe stock ; Y's harmony / Adobe stock ; iprachenko / Adobe stock ; monchak / Adobe stock ; thatpichai / Adobe stock ; ludmilafoto / Adobe stock ; ballabeyla / Adobe stock ; faraktinov / Adobe stock ; cloud7days / Adobe stock ; Mstudio / Adobe stock ; iprachenko / Adobe stock ; Roman Sigaev / Adobe stock ; Nebojsa / Adobe stock – **page 57 :** Gabriel Blaj / Fotolia – **page 61 :** Francois Poirier / Adobe stock (carte) ; R.Studio / Adobe stock ; FotoIdee / Adobe stock ; jkphoto69 / Adobe stock ; pbnew / Adobe stock ; FotoIdee / Adobe stock ; jkphoto69 / Adobe stock ; pbnew / Adobe stock ; R.Studio / Adobe stock – **page 62 :** foto Arts / Adobe stock ; Prod. Numérik / Adobe stock – **page 64 :** beats_ / Adobe stock ; PhotoKD / Adobe stock ; Paul Binet / Adobe stock ; PUNTO STUDIO FOTO AG / Adobe stock ; piai / Adobe stock ; M.studio / Adobe stock ; JJAVA / Adobe stock ; dream79 / Adobe stock – **page 65 :** stockcreations / Adobe stock ; Paul Binet / Adobe stock ; kwasny221 / Adobe stock ; Batra Art Press – **page 66 :** BAZ – **page 67 :** stockphoto-graf / Adobe stock – **page 68 :** M. studio / Fotolia ; Viktor / Fotolia ; Jacek Chabraszewski / Fotolia

Directrice éditoriale : Béatrice Rego
Édition : Sylvie Hano
Couverture : Sophie Ferrand
Maquette : Emma Navarro
Mise en page : Christine Paquereau
Illustrations : Oscar Fernández / Conrado Giusti
Enregistrements : Vincent Bund – K@production
Vidéo : BAZ
Animations : Batra Art Press

© CLE International 2019
ISBN : 978-209-035001-2

Dépôt légal : août 2022 - N° de projet : 10296403
Achevé d'imprimer en France, en novembre 2023, sur les presses de l'Imprimerie Chirat - N° 202309.0345

Sommaire

UNITÉ 1 • Lou, Noah et les autres

1. Comment tu t'appelles ? .... *page 4*
2. Comment ça va ? .... *page 5*
3. Tu habites où ? .... *page 6*
4. En rythme .... *page 7*
- Grammaire .... *page 8*
- Lecture .... *page 9*
- Découvertes culturelles .... *page 10*
- Entraînement au DELF Prim .... *page 11*
- Évaluation .... *page 13*

UNITÉ 2 • C'est la classe !

1. Mon matériel .... *page 14*
2. Une explosion de couleurs .... *page 15*
3. Mon anniversaire .... *page 16*
4. Je compte en français .... *page 17*
- Grammaire .... *page 18*
- Lecture .... *page 19*
- Découvertes culturelles .... *page 20*
- Dessin animé et vidéo .... *page 21*
- Entraînement au DELF Prim .... *page 23*
- Évaluation .... *page 25*

UNITÉ 3 • À tes souhaits !

1. Qu'est-ce que c'est ? .... *page 26*
2. J'aimerais un cadeau ! .... *page 27*
3. Je n'aime pas… .... *page 28*
4. Les goûts et les couleurs .... *page 29*
- Grammaire .... *page 30*
- Lecture .... *page 31*
- Découvertes culturelles .... *page 32*
- Entraînement au DELF Prim .... *page 33*
- Évaluation .... *page 35*

UNITÉ 4 • Une famille formidable

1. Ma famille .... *page 36*
2. Je suis caché ! .... *page 37*
3. Les animaux de compagnie .... *page 38*
4. Qui c'est ? .... *page 39*
- Grammaire .... *page 40*
- Lecture .... *page 41*
- Découvertes culturelles .... *page 42*
- Dessin animé et vidéo .... *page 43*
- Entraînement au DELF Prim .... *page 45*
- Évaluation .... *page 47*

UNITÉ 5 • Qui est qui ?

1. De la tête aux pieds .... *page 48*
2. Comment il est ? .... *page 49*
3. Départ en classe verte .... *page 50*
4. Les 4 saisons .... *page 51*
- Grammaire .... *page 52*
- Lecture .... *page 53*
- Découvertes culturelles .... *page 54*
- Entraînement au DELF Prim .... *page 55*
- Évaluation .... *page 57*

UNITÉ 6 • À table !

1. Les repas de la journée .... *page 58*
2. Qu'est-ce que tu manges ? .... *page 59*
3. J'ai faim, j'ai soif .... *page 60*
4. Les spécialités régionales .... *page 61*
- Grammaire .... *page 62*
- Lecture .... *page 63*
- Découvertes culturelles .... *page 64*
- Dessin animé et vidéo .... *page 65*
- Entraînement au DELF Prim .... *page 67*
- Évaluation .... *page 69*

LEXIQUE .... *page 70*

UNITÉ 1 Lou, Noah et les autres

   GRAMMAIRE LECTURE  DÉCOUVERTES CULTURELLES VIDÉO DELF  ÉVALUATION

Comment tu t'appelles ?

1. Observe et associe le mot à la situation.

a. Bonjour   **b.** Bonsoir   **c.** Au revoir

2. Complète les phrases.

3. Complète avec le bon pronom tonique.

Toi – Lui – Elle

a. ...., elle s'appelle Anna.
b. ...., tu es français.
c. ...., il est sympathique.

4. Complète avec le verbe s'appeler.

a. Moi, je .... Noé, et toi ?
b. Comment tu .... ?
c. Il .... Nicolas.
d. Elle .... Emma.

5. Remets le dialogue dans l'ordre.

Je m'appelle Éva.
n° ...

Bonjour.
n° ...

Bonjour, comment tu t'appelles ?
n° ...

Je m'appelle Louis, et toi ?
n° ...

   GRAMMAIRE LECTURE DÉCOUVERTES CULTURELLES VIDÉO DELF ÉVALUATION  UNITÉ 1

Comment ça va ?

1. Interroge tes amis et complète le tableau.

↓ Prénoms	Génial !	Super !	Ça va bien	Comme ci, comme ça	Très mal !

Comment ça va ?

2. Retrouve les bonnes réponses.

Voici des bonbons !
Salut Sarah !
Comment ça va ?
Comment tu t'appelles ?

1. Comme ci,
2. Je m'appelle
3. Merci
4. Bonjour
5. Théo
6. Lucie
7. Comme ça !
8. Tom

cinq • 5

 UNITÉ 1   GRAMMAIRE LECTURE  DÉCOUVERTES CULTURELLES VIDÉO DELF  ÉVALUATION

Tu habites où ?

1. Relie les personnages à leur maison.

a. J'habite dans la grotte numéro 13 des Pyrénées.

c. J'habite dans le centre de Paris, 15 rue Lepic.

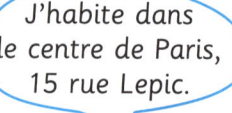

b. J'habite 19 avenue du Crépuscule, dans un château en Transylvanie.

d. J'habite dans une maison, 7 rue de la Galette.

2. Observe les images et réponds aux questions.

a. – Comment il s'appelle ?
   – ....

b. – Quel âge il a ?
   – ....

c. – Il habite où ?
   – ....

3. Écoute les numéros de téléphone et complète. 🍊1

a. 06 .... 10 09 ....   b. 02 08 05

4. Découvre ces nombres et écris-les.

5. Écoute et coche la bonne case. 2

	Question	Réponse
a.		
b.		
c.		
d.		

six • 6

En rythme

1. Relie les chiffres. Qu'est-ce que c'est ?

C'est une ....

2. Écris le nom de chaque note de musique.

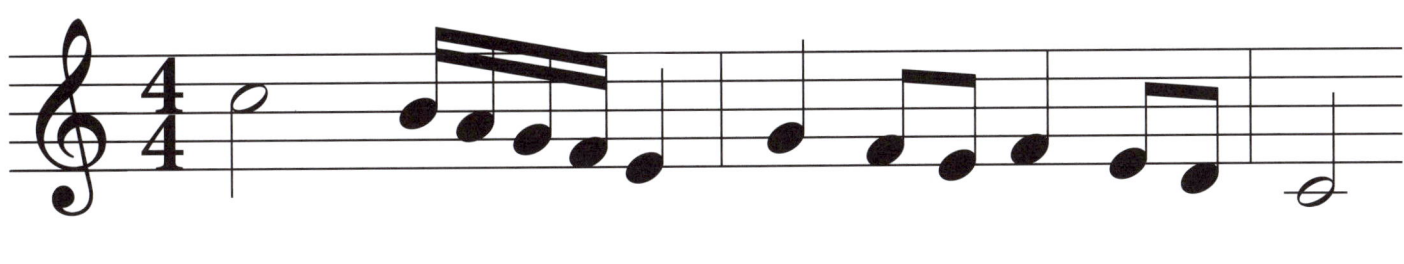

....

3. Écoute et écris les notes de musique sur la portée.

UNITÉ 1

     LECTURE  DÉCOUVERTES CULTURELLES VIDÉO DELF  ÉVALUATION

Grammaire

1. **Complète avec *je, j', tu, il, elle*.**

   a. .... s'appelle Marie. .... habite à Nantes.

   b. Lui, ... s'appelle Simon et .... a 11 ans. .... habite en Espagne.

   c. .... m'appelle Léo. .... ai 10 ans.

   d. .... habites à Rome. .... t'appelles Lisa.

2. **Trouve la question à partir de la réponse.**

   a. .... ?
   J'habite à Lyon.

   b. .... ?
   Ça va bien, merci.

   c. .... ?
   Je m'appelle Sophie, et toi ?

   d. .... ?
   J'ai 10 ans.

3. **Associe.**

   Moi •   • Anna
   Toi •   • je   • Marco   • il
   Lui •
   Elle •   • Louise   • elle   • tu

4. **Conjugue le verbe *habiter*.**

   a. Nous .... en Belgique.

   b. Léa et Léo .... rue de la Gare.

   c. Et toi, tu .... où ?

   d. Je m'appelle Chloé et j'.. en France.

huit • 8

Lecture

UNITÉ 1

Lis et réponds aux questions.

> Bonjour, je m'appelle Nicolas,
> je suis ton correspondant.
> J'ai 10 ans, j'habite Bordeaux, en France.
> Mon numéro de téléphone c'est le 06 12 07 11 03.
> Mon e-mail c'est : nicolas@voila.fr
> Et toi ? Écris-moi vite !
> Nicolas

1. Nicolas a .... ans.
2. Nicolas habite où ?
   ❑ a. En France.   ❑ b. En Suisse.   ❑ c. En Belgique.
3. Dans le numéro de téléphone de Nicolas, il y a :
   ❑ a. 6 chiffres.   ❑ b. 10 chiffres.   ❑ c. 8 chiffres.
4. À toi ! Remplis ta carte d'identité et réponds à Nicolas.

Prénom : ....
Âge : .... ans
Ville : ....
Pays : ....
Numéro de téléphone : ....
E-mail : ....@..............................

Ta réponse :
Salut,
Je m'appelle ....
....
....
....
....

JE PARLE FRANÇAIS

1. **Dessine le drapeau de ton pays. Écris le nom de ton pays.**

....

2. **Dessine le drapeau de la France et de deux pays francophones. Écris les noms des pays.**

France ....

3. **Associe les villes et les pays.**

   a. Paris   •   • 1. Suisse
   b. Montréal   •   • 2. Liban
   c. Bruxelles   •   • 3. France
   d. Dakar   •   • 4. Canada
   e. Genève   •   • 5. Sénégal
   f. Beyrouth   •   • 6. Belgique

GRAMMAIRE LECTURE DÉCOUVERTES CULTURELLES VIDÉO ÉVALUATION

UNITÉ 1

Entraînement DELF Prim

COMPRÉHENSION ORALE

Regarde les dessins. Écoute les dialogues et entoure les bons dessins.

1.
 a.  b.  c.  d.

2.
 a.  b.  c.  d.

3.
 a.  b.  c.  d.

COMPRÉHENSION DE L'ÉCRIT

1. Lis ce texte et complète la fiche.

Bonjour, je m'appelle Ali et j'ai 10 ans. J'habite à Marseille, en France, 8, rue du Vieux Port.

Nom : ....
Âge : ....
Ville : ....
Rue : ....
Numéro : ....

onze • 11

Entraînement DELF Prim

PRODUCTION ÉCRITE

Regarde les images et complète la présentation (nom, âge, adresse).

Bonjour, je m'appelle ....
....
....
....

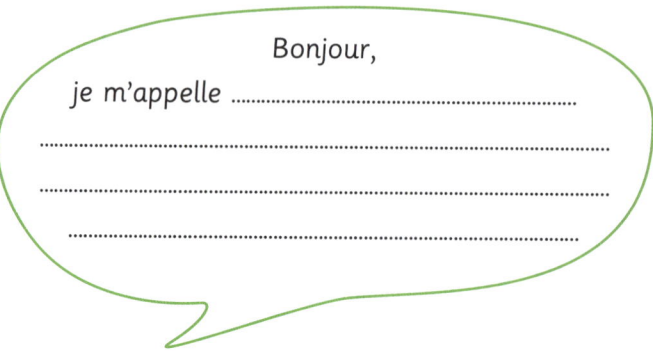

PRODUCTION ORALE

Présente-toi et dis ton prénom, ton adresse, ton âge, ton anniversaire et comment tu te sens.

Évaluation

1. Complète avec le verbe s'*appeler*.

a. Tu .... Gabriel.

b. Il .... Hicham.

c. Je .... Camille.

.... / 1,5 point

2. Écris le bon pronom tonique.

a. ...., elle est française.

b. ...., j'habite à Lyon.

c. ...., il s'appelle Jules.

d. ...., tu es génial !

.... / 1 point

3. Trouve les questions.

– .... ?

a. Ça va bien, merci.

– .... ?

b. J'habite à Montpellier.

– .... ?

c. J'ai huit ans.

.... / 3 points

4. Complète les suites.

a. zéro – .... – quatre – six – ....

b. .... – trois – cinq – .... – neuf

c. huit – sept – .... – .... – quatre

.... / 1,5 point

5. Associe.

a. Ça ne va pas.   •   • 1.

b. Je vais très bien !   •   • 2.

c. Bof, comme ci, comme ça ! • • 3.

.... / 1,5 point

6. Écoute et mets le bon point : . ou ? 5

a. Lui, il s'appelle Saucisse

b. Tu as quel âge

c. Elle habite à Marseille

.... / 1,5 point

Total : .... / 10 points

 **UNITÉ 2 C'est la classe !**

Mon matériel

1. **Complète avec un ou une.**

   a. .... règle
   b. .... livre
   c. .... feutre
   d. .... cahier
   e. .... taille-crayon
   f. .... gomme

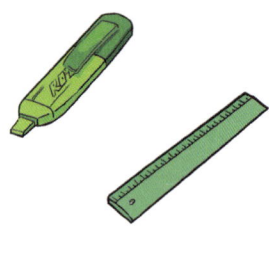

2. **Relie les chiffres et réponds à la question.**

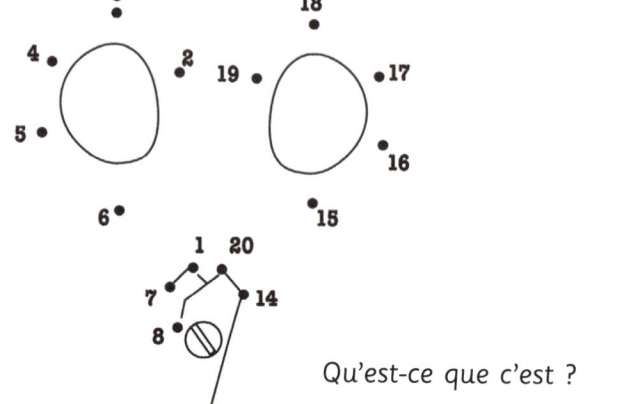

Qu'est-ce que c'est ?
....
....

3. **Relie le mot au dessin.**

   a. stylo •
   b. gomme •
   c. crayon •
   d. colle •

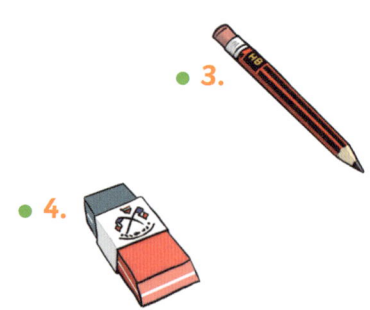

   • 1.
   • 2.
   • 3.
   • 4.

4. **Complète les phrases avec les mots suivants.**

   cahier - répéter - comment - dialogue - livre

   a. Ouvrez votre .... à la page 9.
   b. Écrivez la réponse dans votre ....
   c. Vous pouvez ...., s'il vous plaît.
   d. Ça se prononce .... ?
   e. Écoutez le ....

quatorze • 14

Une explosion de couleurs

1. Écris le nom des couleurs.

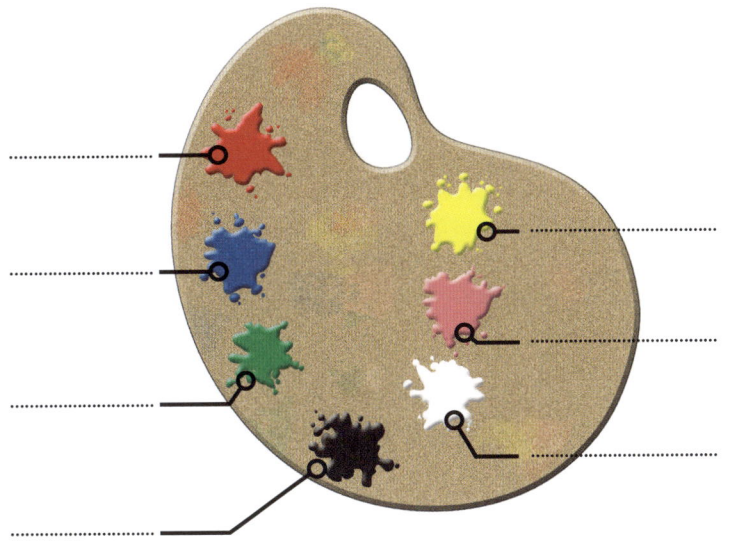

2. Complète les phrases avec le verbe *avoir*.

a. J'............... un beau cahier.

b. Tu .... un tube de colle dans ta trousse.

c. Amina .... un sac rose.

d. Est-ce que tu .... une règle, s'il te plaît ?

3. Décris le matériel de ta trousse.

Dans ma trousse, j'ai ....

....

....

....

4. Écoute et coche la bonne case.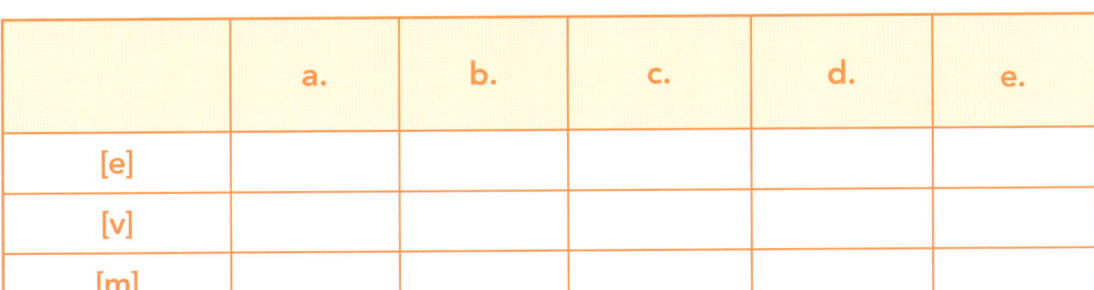

	a.	b.	c.	d.	e.
[e]					
[v]					
[m]					

UNITÉ 2 — Mon anniversaire

1. Remets les mois de l'année dans l'ordre.

2. Écris 3 dates avec les éléments suivants.

a. ....
b. ....
c. ....

3. Complète avec le verbe *avoir*.

a. Nous .... un bon professeur de français.
b. Lucie et Lucas .... des ballons.
c. Vous .... quel professeur ?
d. Elles .... quel âge ?

4. Écoute et complète.

a. Jules a .... ans. Il est né le .... mars.
b. Une année a .... mois. Il y a .... ou .... jours dans un mois.
En février, il y a .... ou .... jours. Une semaine a .... jours.

Je compte en français

1. Observe l'image et écris le nombre de :

- stylos : *vingt-trois*
- crayons de couleur : ....
- gommes : ....
- cahiers : ....
- règles : ....
- feutres : ....

2. Complète les séries.

a. vingt .... seize .... douze .... huit

b. trente et un .... vingt-neuf vingt-huit .... vingt-six ....

c. quinze dix-huit vingt et un .... vingt-sept ....

3. Complète avec le nombre ou le signe mathématiques.

a. Trois .... trois égalent six.

b. Cinq moins .... égalent trois.

c. .... plus sept égalent huit.

d. Deux plus .... égalent dix.

e. Neuf moins trois égal ....

4. Écoute et écris les nombres. 🍊8

a. ....

b. ....

Grammaire

1. **Relie les objets aux articles indéfinis.**

   un

   une

   des

   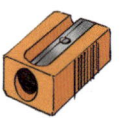  

2. **Complète les phrases avec le verbe *avoir*.**

   a. Vous .... un crayon magique ?

   b. Tu .... cours de mathématique le mardi.

   c. Ils .... un examen mardi prochain.

   d. Elle .... une trousse avec plein de crayons !

   e. J' .... onze ans, et toi ?

3. **Complète les phrases avec le bon pronom personnel.**

   a. Aujourd'hui, ... a 10 ans.

   b. .... as un crayon, s'il te plaît ?

   c. Le jeudi, ... avons cours de maths à 9 heures.

   d. .... ai un bon gâteau d'anniversaire !

   e. Bonjour ! .... avez le livre de français ?

4. **Conjugue le verbe *habiter*.**

   a. Nous .... en Belgique.

   b. Léa et Léo .... rue de la Gare.

   c. Et toi, tu .... où ?

   d. Je m'appelle Chloé et j'..................................... en France.

5. **Écoute et coche la bonne prononciation.**

	1.	2.	3.
a. Nous avons	✔		
b. Vous avez			
c. Ils ont			
d. Elles ont			

dix-huit • 18

Lecture

1. Écris le texte complet. Remplace les images par des mots.

C'est l'anniversaire de ....
....
....
....
....
....

2. Et toi ? Réponds.

a. Tu as quel âge ?
....

b. La date de ton anniversaire, c'est le…
....

c. Tu as des idées de cadeaux ?
....

L'ÉCOLE DANS LE MONDE

1. Observe la photo de classe de Lucile. Réponds Vrai ou Faux ?

	Vrai	Faux
a. Il y a dix-huit élèves dans la classe de Lucile.	☐	☐
b. Il y a 10 filles.	☐	☐
c. Il y a 10 garçons.	☐	☐
d. Lucile a une maîtresse.	☐	☐
e. Sur la photo, les enfants sont dans la salle de musique.	☐	☐

2. Lis et associe chaque enfant à son emploi du temps.

Je m'appelle Alicia. J'ai école tous les jours le matin et l'après-midi sauf le mercredi, le samedi et le dimanche ! J'adore la cantine ! C'est super, il y a les copains !

Salut, moi c'est Mathias. Je suis à l'école le matin du lundi au vendredi. Et j'ai aussi école l'après-midi lundi, mardi, jeudi et vendredi. Je n'aime pas la cantine.

a.
	LUNDI	MARDI	MERCREDI	JEUDI	VENDREDI	SAMEDI	DIMANCHE
MATIN	classe	classe		classe	classe		
	cantine	cantine		cantine	cantine		
APRÈS-MIDI	classe	classe		classe	classe		

L'emploi du temps **a** est l'emploi du temps de ....

b.
	LUNDI	MARDI	MERCREDI	JEUDI	VENDREDI	SAMEDI	DIMANCHE
MATIN	classe	classe	classe	classe	classe		
	cantine	cantine	cantine	cantine	cantine		
APRÈS-MIDI	classe	classe		classe	classe		

L'emploi du temps **b** est l'emploi du temps de ....

UNITÉ 2

 **LOU AU SÉNÉGAL**

1. Regarde le dessin animé et réponds aux questions.

a. Qui sont les personnages ?
....

b. L'histoire se passe dans quel pays ? Dans quelle ville ?
....

c. Quelles sont les couleurs de l'école ?
....

d. Quel est le nom de l'école ?
....

e. Quelle est l'adresse de l'école ?
....

f. Donne le nom des couleurs citées.
....

g. Est-ce que Lou aime le gâteau ?
....

h. Donne la couleur des vêtements des deux filles.
....

i. Regarde l'image. Qu'est-ce que c'est ?
....

UNITÉ 2

 **TIVI RAPH', PREMIÈRE !**

1. Regarde la vidéo et réponds aux questions.

a. Quel est ce document ?
- ❑ **1.** Une émission de TV.
- ❑ **2.** Une émission de radio.
- ❑ **3.** Une conversation entre amis.

b. Comment s'appellent les personnes ?

Alice ....

b. Alice va…
- ❑ **1.** bien.
- ❑ **2.** mal.
- ❑ **3.** comme ci, comme ça.

c. Alice est…

❑ a.   ❑ b.   ❑ c.

d. Est-ce que Arthur aime les crêpes ?
- ❑ **1.** Oui   ❑ **2.** Non

e. Qui est le spécialiste de l'aventure ?
....

Entraînement DELF Prim

COMPRÉHENSION ORALE

1. Regarde les dessins. Écoute et coche la bonne case.

   a. Dans sa trousse, Lucie a …

   ☐ **1.**    ☐ **3.**

   ☐ **2.**    ☐ **4.**

   b. La couleur préférée de Julien, c'est le …

   ☐ **1.**    ☐ **2.**    ☐ **3.**

   c. Dans la classe de Thibaut, il y a …

   ☐ **1.** 9 filles   ☐ **2.** 12 filles   ☐ **3.** 21 filles

2. Écoute et réponds aux questions.

   a. Aujourd'hui, c'est…

   ☐ **1.** mardi.   ☐ **2.** jeudi.   ☐ **3.** samedi.

   b. C'est le…

   ☐ **1.** 24 février.   ☐ **2.** 23 janvier.   ☐ **3.** 23 février.

   c. Quel âge a Noé ? et Nina ?
   ....

   d. Quelle est la date de l'anniversaire de Nina ?
   ....

PRODUCTION ORALE

Qu'est-ce que tu as dans ta trousse ?
Et dans ton sac ?

vingt-trois • 23

UNITÉ 2

Entraînement DELF Prim

COMPRÉHENSION DE L'ÉCRIT

Lis le texte de Jérôme et complète la fiche d'inscription.

Jérôme Marson est élève à l'école Jules Verne. Il est né le 14 août 2009.
Il habite 25, rue des Abeilles à Marseille, en France. Son code pour l'inscription est le 34-9-15-04.

École : ....
Nom : ....
Prénom : ....
Fille ☐   Garçon ☐
Date de naisssance : ....
Adresse : ....
....
Code d'inscription : ....

PRODUCTION ÉCRITE

Observe l'image et note le nom du matériel scolaire. Précise les couleurs.

Dans le sac à dos, il y a ....

UNITÉ 2

Évaluation

1. **Écris le bon article indéfini : *le, la, l', les*.**

   a. .... école
   b. .... crayon
   c. .... trousse
   d. .... ciseaux
   e. .... feutre
   f. .... gomme

   .... / 1,5 point

2. **Écoute et coche. Quelle est la trousse d'Amina ?** 🍊12

   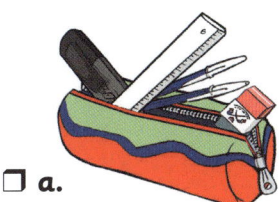 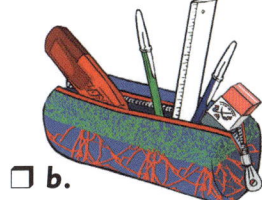 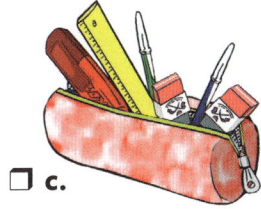

   ☐ a.   ☐ b.   ☐ c.

   .... / 1,5 point

3. **Écris les chiffres suivants.**

   a. 21 : ....
   b. 23 : ....
   c. 28 : ....
   d. 30 : ....

   .... / 2 points

4. **Complète avec le verbe *avoir*.**

   J'ai   Nous avons
   Tu ....   Vous ....
   Il a ....   Elles ....

   .... / 4 points

5. **Écris la date de l'anniversaire de Lou.**

   C'est le ....
   ....
   ....
   ....
   ....

   .... / 1 point

   Total : .... / 10 points

UNITÉ 3 À tes souhaits !

Qu'est-ce que c'est ?

1. Écoute. Qu'est-ce que c'est ? 🔊 13

   a. C'est ....

   b. C'est ....

   c. C'est ....

   d. C'est ....

   e. C'est ....

2. Qu'est-ce que c'est ? Relie les points pour découvrir le dessin puis colorie.

   C'est ....
   ....

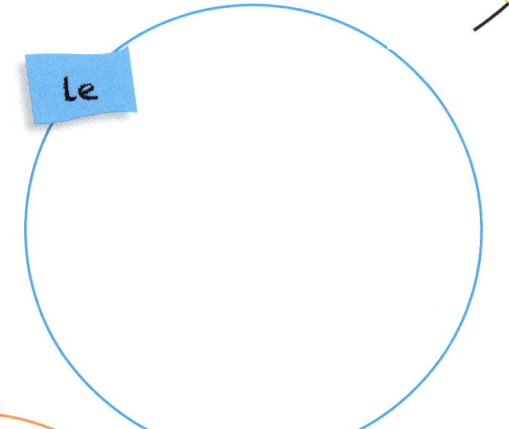

3. Écris les mots dans le bon cercle.

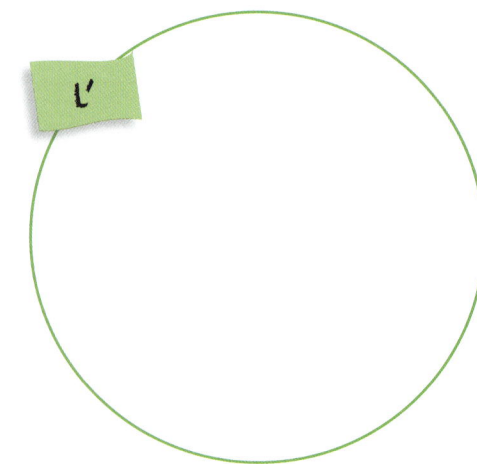

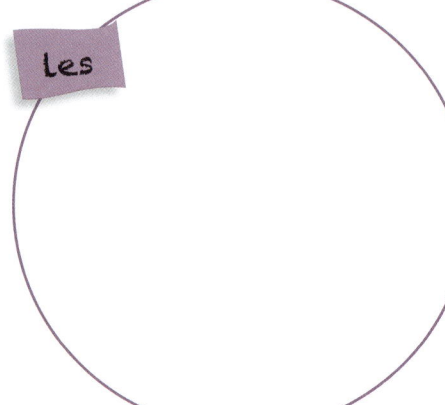

J'aimerais un cadeau !

1. Observe le labyrinthe et complète le texte.

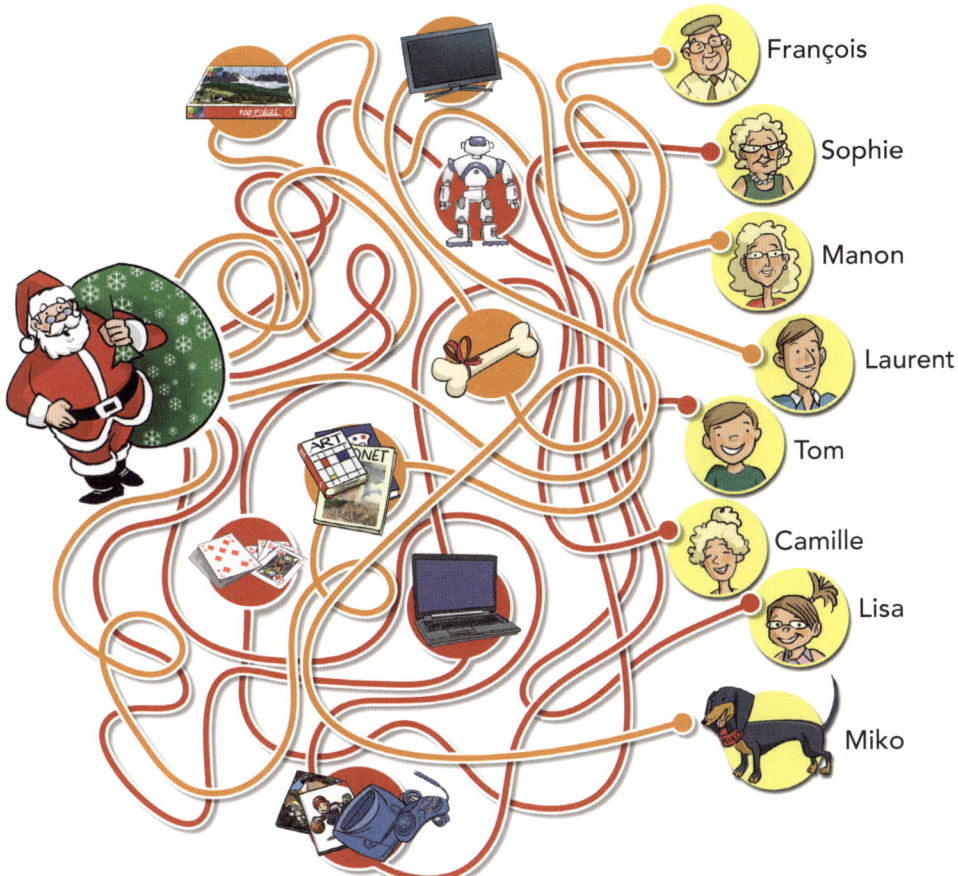

- L'os est pour Miko.
- **a.** La .... est pour Laurent.
- **b.** Les .... sont pour Tom.
- **c.** L' .... est pour Camille.
- **d.** Les livres d'art sont pour ....

2. Qu'est-ce que tu voudrais pour ton anniversaire ?

Pour mon anniversaire, j'aimerais ....
....
....

3. Écoute et classe les mots dans le tableau.

	a.	b.	c.	d.	e.	f.	g.	h.	i.	j.
[s]										
[z]										

vingt-sept • 27

UNITÉ 3     GRAMMAIRE LECTURE DÉCOUVERTES CULTURELLES VIDÉO DELF  ÉVALUATION

Je n'aime pas...

1. **Réponds aux questions à l'aide des mots suivants.**

   cadeaux – livres – skateboard

   a. Qu'est-ce qu'il n'aime pas ?   b. Qu'est-ce qu'ils aiment ?   c. Qu'est-ce qu'elle n'aime pas ?

   ....

2. **Écoute et coche la bonne case.** 🍊15

	a.	b.	c.	d.	e.	f.
= prononciation identique						
≠ prononciation différente						

3. **Joue à la bataille navale des verbes.**
   Place 3 bateaux, ton/ta voisin(e) trouve le verbe et la personne.

   • – Il aime le chocolat.
   – Touché !

	je	tu	il	nous	vous	ils
AIMER			⛵			
NE PAS AIMER						

vingt-huit • 28

UNITÉ 3
Les goûts et les couleurs

1. Reconstitue le tableau de Léonard de Vinci, *La Joconde*.

Pièce i	Pièce	Pièce ....
Pièce	Pièce	Pièce ....
Pièce	Pièce	Pièce ....

2. Observe les deux tableaux et trouve les 7 différences.

Le Douanier Rousseau, *Moi-même*, 1980.

Grammaire

1. Complète avec un article défini : *le, la, l', les.*

a. .... stylo

b. .... musique

c. .... films

d. .... ordinateur

2. Mets à la forme négative comme dans l'exemple.

• – Manu aime le foot. → Manu **n'**aime **pas** le foot.

a. J'aime le tennis.
....

b. Tu aimes le basket.
....

c. Elle aime les films d'actions.
....

d. Nous aimons le chocolat.
....

3. Fais des phrases comme dans l'exemple.

• vouloir / skateboard → *Je voudrais un skateboard, s'il te plaît.*

a. vouloir / chocolat.
....

b. aimer / puzzle
....

c. vouloir / jus d'orange
....

d. aimer / jeu vidéo
....

Lis le texte et réponds aux questions.

ENTRETIEN AVEC PAUL POGBA

Paul Pogba est français. C'est un footballeur français. En 2018, il est champion du monde. Quels sont ses goûts ?

Journaliste : Bonjour, comment ça va ?
Paul Pogba : Ça va super, merci !
Journaliste : S'il te plaît, tu voudrais bien répondre à des questions ?
Paul Pogba : Oui, bien sûr.
Journaliste : Quelle couleur tu aimes ?
Paul Pogba : Le bleu ! C'est le nom de mon équipe !
Journaliste : Qu'est-ce que tu aimes ?
Paul Pogba : Le foot bien sûr ! Mais j'aime aussi le hip hop !
Journaliste : Et ton meilleur ami, qui c'est ?
Paul Pogba : C'est Antoine Griezmann. Il est aussi footballeur.
Journaliste : Merci beaucoup !

1. Pogba est un champion de…

 ❏ a.    ❏ b.    ❏ c.

2. Paul Pogba aime la couleur…

 ❏ a.    ❏ b.    ❏ c.

3. Paul Pogba aime…

 ❏ a.    ❏ b.    ❏ c.

UNITÉ 3

Découvertes culturelles

LES JEUX DANS LE MONDE

1. Écris les noms sous les jeux puis associe les jouets et les pays.

a.    b.    c.    d.

....

1.    2.    3.    4.

2. Lis le document et réponds aux questions.

LE CERF-VOLANT

Le cerf-volant existe en Chine depuis 3000 ans ! En 1890 William Eddy invente le cerf-volant en V. On l'appelle le cerf-volant Eddy.

Le cerf-volant est l'ancêtre du deltaplane, du parapente, et des ULM.

Un deltaplane

Un ULM. Ce sont des ailes avec un petit moteur.

Le parapente est très à la mode.

a. Quelle est l'origine du cerf-volant ?

❑ 1.    ❑ 2.    ❑ 3.

b. Comment s'appelle le cerf-volant en V ?

....

c. Cite un descendant du cerf-volant.

....

trente-deux • 32

GRAMMAIRE LECTURE DÉCOUVERTES CULTURELLES VIDÉO  ÉVALUATION UNITÉ 3

Entraînement DELF Prim

COMPRÉHENSION ORALE

1. Écoute et note le numéro du bon enregistrement. 🍊 16

a. n° .... b. n° .... c. n° .... d. n° ....

2. Écoute et réponds aux questions. 🍊 17

  a. Comment s'appelle la vendeuse ?
   ❒ **1.** Lara ❒ **2.** Sarah ❒ **3.** Samia

  b. Qu'est-ce que Léo n'aime pas ?

  ❒ **1.** ❒ **2.** ❒ **3.**

  c. Qu'est-ce que Léo aime ?

  ❒ **1.** ❒ **2.** ❒ **3.**

  d. Qu'est-ce que Tom achète ?
   ❒ **1.** une bande dessinée ❒ **2.** un cd de musique ❒ **3.** un DVD

PRODUCTION ORALE

Regarde ces images et dis si tu aimes ou si tu n'aimes pas.

Entraînement DELF Prim

COMPRÉHENSION DE L'ÉCRIT

1. Lis le document et réponds aux questions.

Tu aimes le cinéma ?
C'est la fête du cinéma du mercredi 12 au samedi 15 mars.
Avec la carte « Fête du cinéma », les films sont à 2 euros !
Les informations sont sur notre site Internet.
www.lecinemadesarts.com

a. À quelle date est la fête du cinéma ?

 ☐ 1.    ☐ 2.    ☐ 3.

b. Quelle carte donne la réduction ?

 ☐ 1.    ☐ 2.    ☐ 3.

c. Quel est le prix des films ?

 ☐ 1.    ☐ 2.    ☐ 3.

d. Qu'est-ce qu'il faut pour avoir plus d'information ?

 ☐ 1.    ☐ 2.    ☐ 3.

PRODUCTION ÉCRITE

Remplis la fiche.

Prénom : ....
Nom : ....
Âge : ....
Couleur préférée : ....
Une activité ♥ : ....
Une activité 💔 : ....
Un souhait pour ton anniversaire : ....

Évaluation

UNITÉ 3

1. Observe les images et exprime un souhait avec « j'aimerais » ou « je voudrais »..

a. ....

b. ....

c. ....

.... / 1,5 point

2. Complète avec le, la, l', les.

a. Arthur aime .... croissants.
b. .... école est rue des Plantes
c. C'est .... anniversaire de Ninon !
d. .... maîtresse s'appelle Agathe.

.... / 2 points

3. Écris le contraire.

a. Paul aime le foot.
....

b. Lisa n'aime pas chanter.
....

c. Tom aime la pizza.
....

.... / 1,5 point

4. Complète avec le verbe aimer.

a. J'........................... les hamburgers.
b. Lou .... Paris.
c. Théo et Amina .... les cerfs-volants.
d. Tu .... les bandes dessinées ?

.... / 2 points

5. Écoute et coche la bonne case. 18

	a.	b.	c.	d.	e.	f.
[s]						
[z]						

.... / 3 points

Total : .... / 10 points

trente-cinq • 35

UNITÉ 4 Une famille formidable

     GRAMMAIRE  LECTURE DÉCOUVERTES CULTURELLES VIDÉO  DELF ÉVALUATION

Ma famille

1. **Complète le texte avec le vocabulaire de la famille.**

   Ma famille

   Mon .... s'appelle Victor et ma .... s'appelle Lara.

   J'ai une petite ...., Lili, et un grand ...., Olivier.

   La femme de mon oncle s'appelle Fatima. C'est ma ....

   J'adore ma .... ! Elle a 72 ans.

2. **Entoure la bonne réponse.**

   a. mon /(ma) maison
   b. ton / ta chienne
   c. son / sa cousin
   d. ton / ta tante
   e. mon / ma père
   f. son / sa sœur

3. **Lis le texte et remplis l'arbre généalogique de Tom.**

   • Tom a une petite sœur. Elle s'appelle Celia et une grande sœur : Manon.
   • Le cousin de Manon s'appelle Mathys.
   • La mère de Tom s'appelle Carole et son père Laurent.
   • La tante de Tom s'appelle Patricia.

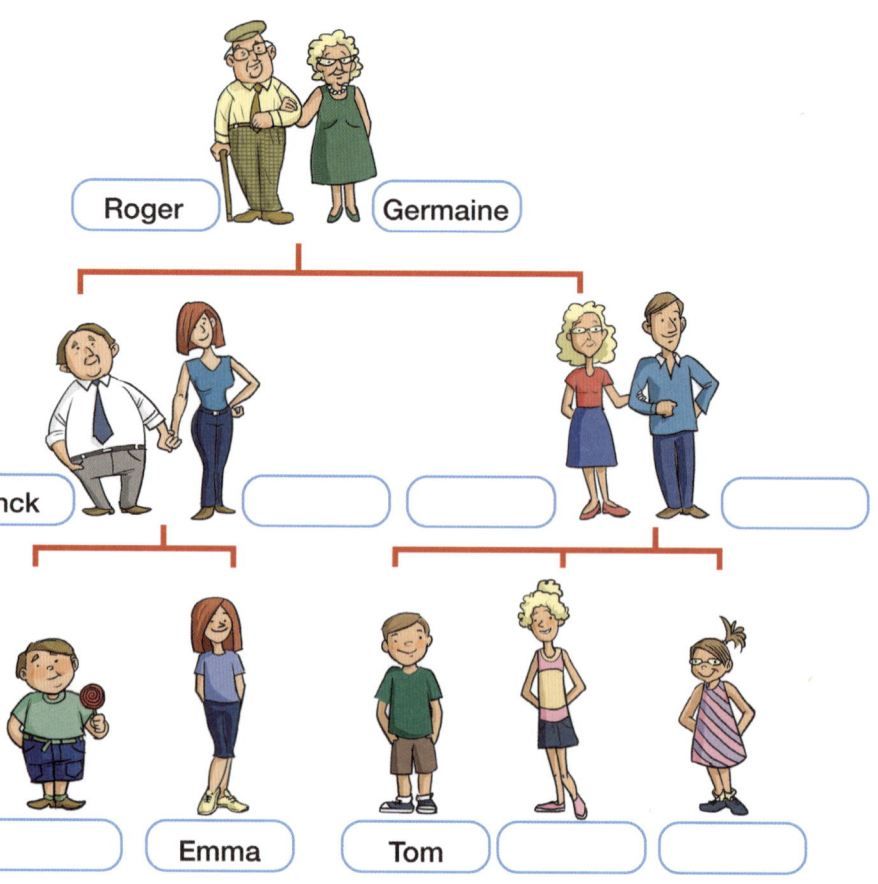

trente-six • 36

Je suis caché !

1. **Retrouve Hugo et sa famille.**

   Mon cousin Yann est sur la moto. Ma cousine Solène est à côté de Yann dans un avion.
   Mon père et ma mère sont à côté du manège. Mon père est devant ma mère.
   Ma tante Chloé est dans le train fantôme derrière la momie. Je suis sur ses genoux.
   Mon chien Doby est sous la table du vendeur de pop corn.

2. **Complète la lettre de Thimoté avec le verbe être.**

   Salut,

   Je m'appelle Thimoté, je .... franco-espagnol. Mon père .... français et ma mère .... espagnole. Ils .... sympa ! À la maison nous parlons les deux langues. Nous .... bilingues.

   Tu .... de quelle nationalité ? Vous .... nombreux dans ta famille ?

   À bientôt.

   Thimoté

UNITÉ 4  Les animaux de compagnie

1. Remplis la grille.

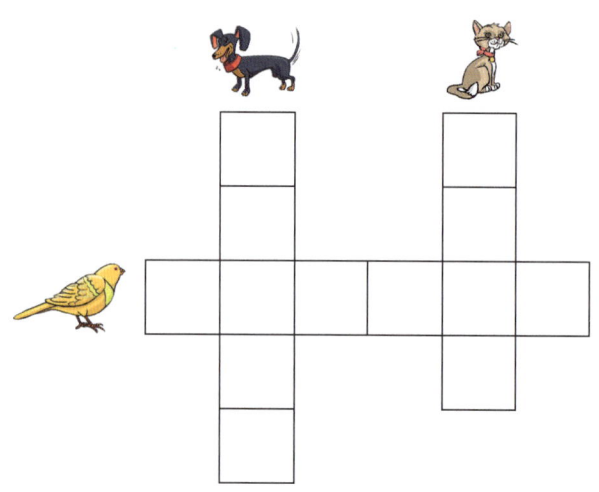
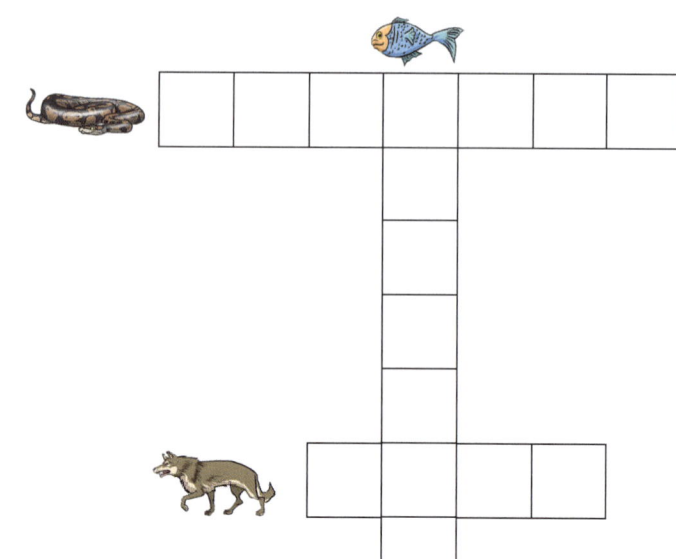

2. Écoute et note le nom des animaux. 19

   a. ....
   b. ....
   c. ....
   d. ....

3. Écoute et répète 3 fois. 20

   Lulu la mouche tombe dans la louche !

4. Écoute et coche la bonne case. 21

	a.	b.	c.	d.	e.	f.	g.	h.
[y]								
[u]								

trente-huit • 38

UNITÉ 4

1. Associe le personnage à l'objet.

a. Louis XIV • • 1.

b. Marie Curie • • 2.

c. Jeanne d'Arc • • 3.

d. Victor Hugo • • 4. 👑

2. Retrouve le livre de Victor Hugo.

Le livre de Victor Hugo s'appelle ....

3. Quiz ! Quel est l'autre nom de Louis XIV ? Entoure la bonne image.

a. Le roi    b. Le roi    c. Le roi

C'est le roi ....

UNITÉ 4

Grammaire

1. **Complète les phrases avec *ma, ta, sa, son, ses*. Aide-toi de la piste entre parenthèses !**

    a. (je) J'adore .... famille. Ils sont tous fantastiques !

    b. (elle) Regarde ! C'est .... frère ! Il s'appelle Michael.

    c. (il) .... grand-mère habite à Bruxelles.

    d. (je) Elle adore jouer avec .... cousins !

2. **Complète les phrases avec le verbe *être*.**

    a. Nous .... au cinéma avec Noah.

    b. Tu .... très content.

    c. Margaux et Justine .... voisines.

    d. Alexis .... en Espagne.

    e. Vous .... journaliste ou photographe ?

3. **Complète avec le bon mot : *devant, dans, sur, à côté de*.**

a. Saucisse est .... la piscine.

b. Le chat est .... Saucisse.

c. Saucisse est .... du chien jaune.

d. Saucisse est .... sa maison.

Aventure nocturne

C'est la nuit. Anatole rentre chez sa grand-mère. Il a peur.
— Papa ? Maman ? Vous êtes où ?
CRAC !!! Un bruit ! Il n'est pas seul !
— Qui c'est ?
Devant Anatole, il y a une sorcière horrible, verte avec un chapeau sur la tête.
— Bonjour mon enfant ! Tu aimes les pommes ?
— Non, merci. Je cherche la maison de ma grand-mère.
— Comment s'appelle ta famille ?
— Brouet. La famille Brouet.
— Ta grand-mère est mon amie.
— Ah oui ?!
— Elle habite à côté de l'hôpital. Là, devant.
— Heu, non… Au revoir madame.
Vite, Anatole continue son chemin. Tout à coup, il y a un hurlement horrible. Des loups ?!
Ils sont devant Anatole. Il y a un loup, deux loups, trois loups ! Ils sont très grands !
— Au secours !
Anatole hurle :
— Noooooooon !
Il ouvre les yeux. Il est dans son lit. Sa mère est côté de lui.
— Bonjour mon chéri. Ça va ? C'est l'heure de l'école.
Anatole est content. Ce n'est pas réel !

1. Anatole rentre chez…
   ❏ **a.** son grand-père.   ❏ **b.** sa mère.   ❏ **c.** sa grand-mère.

2. Dans son rêve c'est…
   ❏ **a.** le matin.   ❏ **b.** l'après-midi.   ❏ **c.** la nuit.

3. Quel animal voit Anatole ?

   ❏ **a.**   ❏ **b.**   ❏ **c.**

4. Où est Anatole à la fin de l'histoire ?

   ❏ **a.**   ❏ **b.**   ❏ **c.**

UNE FAMILLE POUR LES ANIMAUX

1. **Relis le document du livre de l'élève page 41 et réponds aux questions.**

   a. Ken aide quels animaux ?

   ☐ 1.   ☐ 2.   ☐ 3.

   ☐ 3.   ☐ 5.

   b. La SPA, c'est une association…
   ☐ 1. en France.
   ☐ 2. au Philippines.
   ☐ 3. en Espagne.

   c. La SPA, c'est la société protectrice des ....

2. **Vrai ou faux ? Coche la bonne case.**

	Vrai	Faux
a. Les animaux sont des jouets.	☐	☐
b. En été, des familles abandonnent des chiens, c'est mal.	☐	☐
c. Il y a trop de baleines.	☐	☐
d. La SPA n'aide pas les animaux.	☐	☐
e. Il n'y a pas d'animaux dans les cirques.	☐	☐
f. Le loup-garou n'existe pas.	☐	☐

UNITÉ 4

 **THÉO EN SUISSE**

1. Regarde le dessin animé et réponds aux questions.

a. Sur la piste de ski, Lara est…
  ❏ **1.** devant Théo.   ❏ **2.** derrière Théo.   ❏ **3.** à côté de Théo.

b. Complète la carte d'identité de Lara (nationalité, âge, étude).

Prénom : Lara
Nationalité : ....
Ville : ....
Âge : ....
Étude : ....

c. Théo est champion de ski ?
....

d. Présente la famille de Lara.
....
....
....
....

e. Quel âge a le frère de Lara ?
....

f. Lara adore :
  ❏ **1.** son collège.   ❏ **2.** son frère.   ❏ **3.** son chien.

g. Le chien de Lara est :
  ❏ **1.** petit.   ❏ **2.** gros.   ❏ **3.** long.

h. À ton avis : Quel est le sentiment de Lara pour Théo ?
  ❏ **1.** ♥   ❏ **2.** 💔

UNITÉ 4

RAPH' ET LES NAC

1. Regarde la vidéo et réponds aux questions.

a. Quel est le cadeau de Noël idéal pour Raph' ?

 ❏ 1.    ❏ 2.    ❏ 3.

b. Que veut dire NAC ?

....

c. Quels sont les animaux du reportage ?

 ❏ 1.    ❏ 2.    ❏ 3.

 ❏ 4.    ❏ 5.    ❏ 6.

d. Quel animal Raph' préfère ?

 ❏ 1.    ❏ 2.    ❏ 3.

e. Avoir un NAC chez soi en France c'est :
   ❏ 1. dangereux.
   ❏ 2. interdit.
   ❏ 3. possible.

f. Alice aime les NAC ?
   ❏ 1. oui   ❏ 2. non

quarante-quatre • 44

  GRAMMAIRE LECTURE DÉCOUVERTES CULTURELLES VIDÉO ÉVALUATION   UNITÉ 4

Entraînement DELF Prim

COMPRÉHENSION ORALE

1. Écoute et entoure  sur le dessin le livre et le cahier de Julie.

2. Écoute et réponds aux questions.

   a. Vrai ou faux ? Coche la bonne case.

	Vrai	Faux
1. Seb n'aime pas les animaux.	☐	☐
2. Seb n'a pas d'animaux de compagnie.	☐	☐

   b. Qui est allergique ?
   ☐ 1. Seb   ☐ 2. Lisa   ☐ 3. Alex

   c. Quels sont les animaux de compagnie de Lisa ?

PRODUCTION ORALE

Tu es en France avec ta famille. Tu demandes des renseignements dans un magasin pour adopter un animal de compagnie. Tu demandes son nom, son âge, son sexe, sa couleur… L'examinateur joue le vendeur.

quarante-cinq • 45

Entraînement DELF Prim

COMPRÉHENSION DE L'ÉCRIT

Lis le document et réponds aux questions.

Vous aimez les chats ?   Nous donnons nos chats.

0 euro !

Il y a Mimi, un an, chat blanc avec une tâche noire sur la tête.
Il y a Câline, trois mois, c'est une chatte grise. Elle aime les câlins !
Il y a aussi Minou. Il a six mois, il est marron. Il aime jouer.
Les chats sont en bonne santé.
Téléphone : 06 67 38 92 63

1. Quelle est la condition de l'annonce ?
   ❏ **a.** Aimer les animaux.
   ❏ **b.** Payer 10 euros.
   ❏ **c.** Avoir un chat.

2. Retrouve Mimi.

❏ **a.**   ❏ **b.**   ❏ **c.**

3. Minou aime...

❏ **a.**   ❏ **b.**   ❏ **c.**

4. Pour répondre à l'annonce, tu utilises :

❏ **a.** @   ❏ **b.** ☎   ❏ **c.** ✉

PRODUCTION ÉCRITE

Écris une lettre à ton/ta correspondant(e) français(e) pour présenter ta famille. Présente chaque membre avec les noms, les âges, les activités…

....
....
....
....
....

UNITÉ 4

Évaluation

1. Si mon père est ton oncle, tu es qui ?
....

.... / 1,5 point

2. Regarde le dessin et complète les phrases avec les mots suivants.

dans - sur - gauche - sous

a. Le pantalon est .... le lit.
b. L'ordinateur est .... la table.
c. À .... de la table, il y a une armoire.
d. La robe est .... l'armoire.

.... / 2 points

3. Dis de qui on parle.

a. Il mange sous la table.
→ C'est ....
b. Il est devant Noah.
→ C'est ....
c. Elle est à côté de Théo.
→ C'est ....
d. Ils sont dans le salon.
→ Ce sont ....
....

.... / 2 points

4. Complète avec le verbe être.
a. Vous .... frères et sœur.
b. Médor .... mon chien.
c. Lou et Amina .... amies.
d. Nous .... le 10 mars.
e. Tu .... Noah ?

.... / 4,5 points

Total : .... / 10 points

 **UNITÉ 5 Qui est qui ?**

   GRAMMAIRE LECTURE DÉCOUVERTES CULTURELLES   VIDÉO   DELF  ÉVALUATION

De la tête aux pieds

1. Écris les mots.

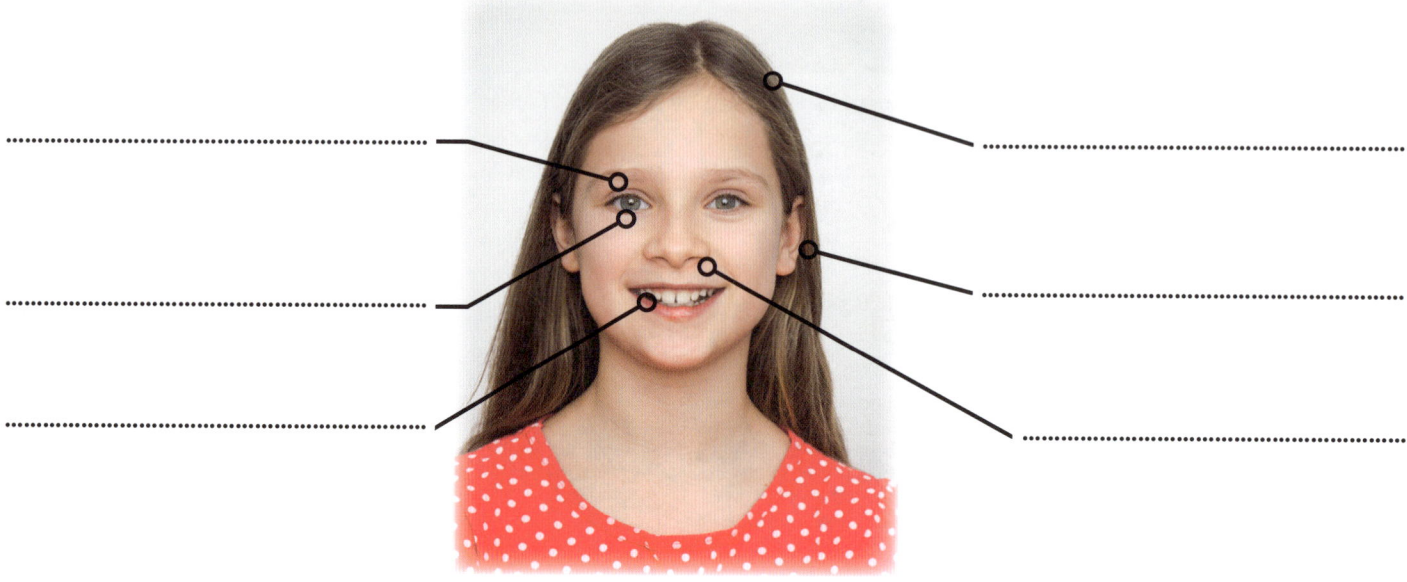

2. Mets les mots du corps dans l'ordre.

   a. U N E G O → ....
   b. I D E P → ....
   c. N I M A → ....
   d. L É P E A U → ....

3. Mets au pluriel.

   a. une jambe, deux ....
   b. un doigt, dix ....
   c. un cheveu, des ....
   d. un œil, des ....

4. Décris le monstre.

Il a ....
....
....
....
....
....
....

Comment il est ?

1. Complète la grille.

Masculin	Féminin
petit	*petite*
a.	brune
b. roux	....
c.	grande
d.	grosse
e.	invisible

2. Complète la description de Victor.

Il n'est pas très ....
Il est ....
et il a les cheveux ....
Il a les ....

3. Complète les phrases avec les mots suivants.

grand - longs - brune - verts - noir

a. Ma cousine a les cheveux ....
b. Elle a un chat ....
c. Je suis très ....
d. Ma sœur a les yeux ....
e. Élisa est ....

4. Et toi, comment tu es ? Fais ta description.

Je suis ....
....
....
J'ai ....
....
....

UNITÉ 5 — Départ en classe verte

1. Qu'est-ce qu'il y a dans l'armoire ? Écris les mots.

2. Complète le tableau.

Masculin	Féminin
beau	....
....	nouvelle
vieux	....
....	longue

3. C'est à qui ? Réponds et complète les phrases avec les adjectifs suivants, comme dans l'exemple.

> vieux – long – nouveau – ~~beau~~

- C'est le  **beau** sac d'Amina.

a. C'est la  ....

b. C'est le  ....

c. Ce sont les  ....

4. Masculin ou féminin ? Coche.

	a.	b.	c.	d.	e.
Masculin					
Féminin	x				

5. Dessine puis décris les vêtements de ton personnage.

Elle a ....
....
....
....
....
....

cinquante • 50

Les 4 saisons

1. Donne le nom des saisons.

a. C'est ....

b. C'est ....

c. C'est ....

d. C'est ....

2. Quel temps il fait. Associe.

a. Au printemps,
b. En été,
c. En automne,
d. En hiver,

1. il neige.
2. il fait beau.
3. il pleut.
4. il fait froid.
5. il fait chaud.
6. il y a du soleil.

3. Complète les phrases.

a. Il ....
b. Il ....
c. Il ....

4. Ces vêtements sont pour quelle saison ?

a. C'est pour ....

c. C'est pour ....

5. Quels vêtements tu portes. Complète les listes.

En hiver, je porte ....

En automne, je porte ....

En été, je porte ....

Au printemps, je porte ....

UNITÉ 5

Grammaire

1. Mets au pluriel.

a. un cheveu → ....

b. un doigt → ....

c. un œil → ....

d. un pied → ....

e. une jambe → ....

f. une oreille → ....

2. Complète avec la bonne couleur.

a. des yeux ....

b. un œil ....

c. des yeux ....

d. un œil ....

3. Mets les phrases au féminin.

a. Mon cousin est très beau.
→ Ma cousine ....

b. Le sac à dos de Pauline est vieux.
→ La trousse ....

c. Le nouveau professeur s'appelle monsieur Richard.
→ .... madame Gauthier.

d. Son pull est très long.
→ Sa robe ....

e. Mon chien est un peu gros.
→ Ma chienne ....

Lis le dialogue et réponds aux questions.

Dans le grand magasin

Samedi, c'est l'anniversaire de Fatima. Elle organise une grande fête. Lou et Amina choisissent une tenue pour la fête.

– Alors Lou, qu'est-ce que tu achètes ?
– J'hésite… J'aime bien la chemise rouge. Mais j'aime aussi la robe blanche et les chaussures rouges et noires…
– Moi aussi, j'hésite ! Il y a la robe à rayures rouges avec des manches courtes. Et j'aime aussi les chaussures marron.
– J'adore la robe. Elle est très jolie. Tu es belle avec cette robe Amina ! Les chaussures aussi sont bien.
– Tu as raison. J'achète la robe et les chaussures. Merci, Lou !
– Moi, j'achète la chemise rouge et les chaussures rouges et noires. Nous sommes très belles pour la fête. Et le cadeau de Fatima ?
– Un sac ?
– Bonne idée. Regarde ce sac à dos marron…
– Il est magnifique !

1. Pourquoi Amina et Lou achètent de nouveaux vêtements ?

....

2. Où sont Lou et Amina ?

☐ **a.** dans une boutique de vêtement ☐ **b.** dans un restaurant ☐ **c.** dans un hôtel

3. Quels vêtements choisit Amina ? Et Lou ?

a. ☐ Amina ☐ Lou   **b.** ☐ Amina ☐ Lou   **c.** ☐ Amina ☐ Lou

d. ☐ Amina ☐ Lou   **e.** ☐ Amina ☐ Lou

4. Quel cadeau elles achètent à Fatima ?

☐ **a.** un sac à main marron ☐ **b.** un pantalon marron ☐ **c.** un sac à dos marron

  GRAMMAIRE LECTURE  VIDÉO DELF ÉVALUATION

Découvertes culturelles

LES SAISONS AUTOUR DU MONDE

1. **Quelle saison c'est dans chaque pôle ?**

   Au pôle Nord, c'est l'été. →

   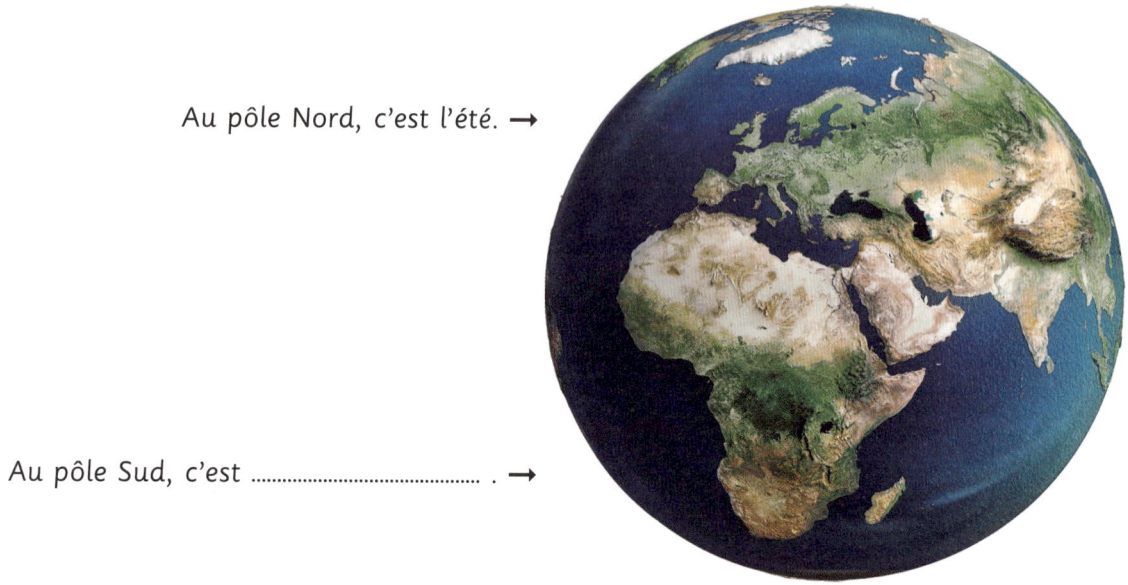

   Au pôle Sud, c'est ……………………………… . →

2. **a. Il y a combien de saisons en Belgique ?**
   ………

   b. Donne le nom des saisons.
   ………

3. **a. Il y a combien de saisons sur l'île de la Réunion ?**
   ………

   b. Donne le nom des saisons.
   ………

4. **En France, à quelles dates correspondent les saisons suivantes ?**

   Printemps du ……………………………………………… au ………………………………………………
   Été   du ……………………………………………… au ………………………………………………
   Automne   du ……………………………………………… au ………………………………………………
   Hiver   du ……………………………………………… au ………………………………………………

GRAMMAIRE LECTURE DÉCOUVERTES CULTURELLES VIDÉO ÉVALUATION

UNITÉ 5

Entraînement DELF Prim

COMPRÉHENSION ORALE

1. Écoute et colorie les cheveux et les yeux des enfants.  25

2. Écoute et identifie les vêtements de chaque personne. Associe. 26

Mathis
Julie
David
Alice

PRODUCTION ORALE

1. Parle de toi. Réponds aux questions.

- Tu es comment ? Tu es grand ou petit ?
- Comment sont tes cheveux ? et tes yeux ?
- Quels sont tes vêtements préférés ?
- Comment est ton/ta meilleure ami(e) ?

- Il/Elle est grand(e) ou petit(e) ?
- Comment sont ses cheveux ? et ses yeux ?
- Quels sont ses vêtements préférés ?

2. Observe l'image et réponds aux questions.

- Qu'est-ce qu'il/elle porte ?
- Il/Elle est comment ?

cinquante-cinq • 55

COMPRÉHENSION DE L'ÉCRIT

Lis le message de Fatima et réponds aux questions.

> Salut Amina,
>
> Ici, il fait très beau et très chaud mais le soir, il fait froid. Voici la liste pour ta valise : de la crème solaire, un maillot de bain, des sandales, un manteau pour la pluie, une casquette ou un chapeau de soleil et une paire de lunettes de soleil.
>
> Gros bisous
>
> Fatima

a. Qu'est-ce que doit prendre Amina ? Entoure les vêtements et accessoires de la liste de Fatima.

b. Quel temps il fait chez Fatima ?

....

PRODUCTION ÉCRITE

Poste une annonce sur le site sur le site « Mon correspondant français ».
Tu écris un message et décris le correspondant idéal (âge, physique, activités…).

....
....
....
....
....
....
....

Évaluation

1. Les vêtements. Mets les mots dans l'ordre.

a. L U L P → ....

b. K A S B E T S → ....

c. T O T B E S → ....

d. Q U A T E C T E S → ....

.... / 2,5 points

2. Masculin ou féminin ? Coche. 27

	a.	b.	c.	d.	e.
Masculin					
Féminin					

.... / 2,5 points

3. Mets au féminin.

a. un vieux chapeau → une .... casquette.

b. un nouveau pull → une .... robe.

c. un beau t-shirt → une .... jupe.

d. un short blanc → une ceinture ....

.... / 2 points

4. Décris David.

David est ....

....

Il ....

....

Il porte ....

....

.... / 3 points

Total : .... / 10 points

UNITÉ 6 À table !

Les repas de la journée

1. **Relie les images aux mots.**

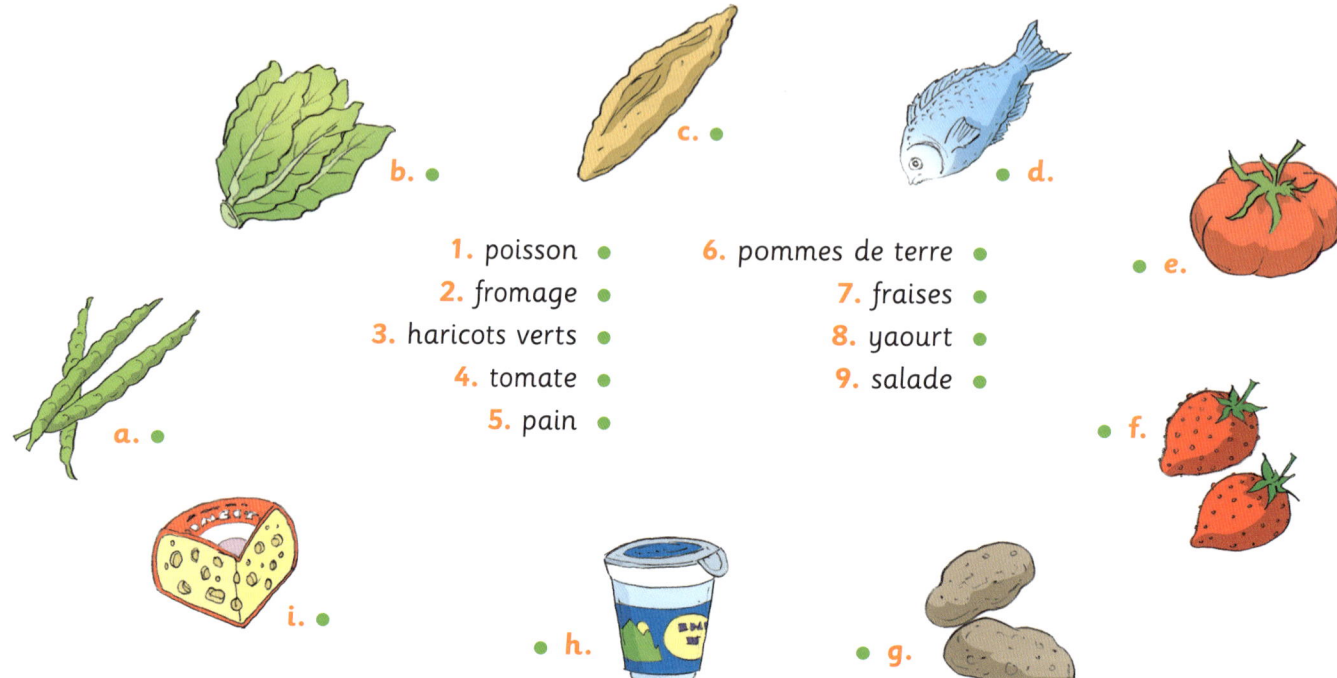

1. poisson
2. fromage
3. haricots verts
4. tomate
5. pain
6. pommes de terre
7. fraises
8. yaourt
9. salade

2. **Complète les mots de la grille.**

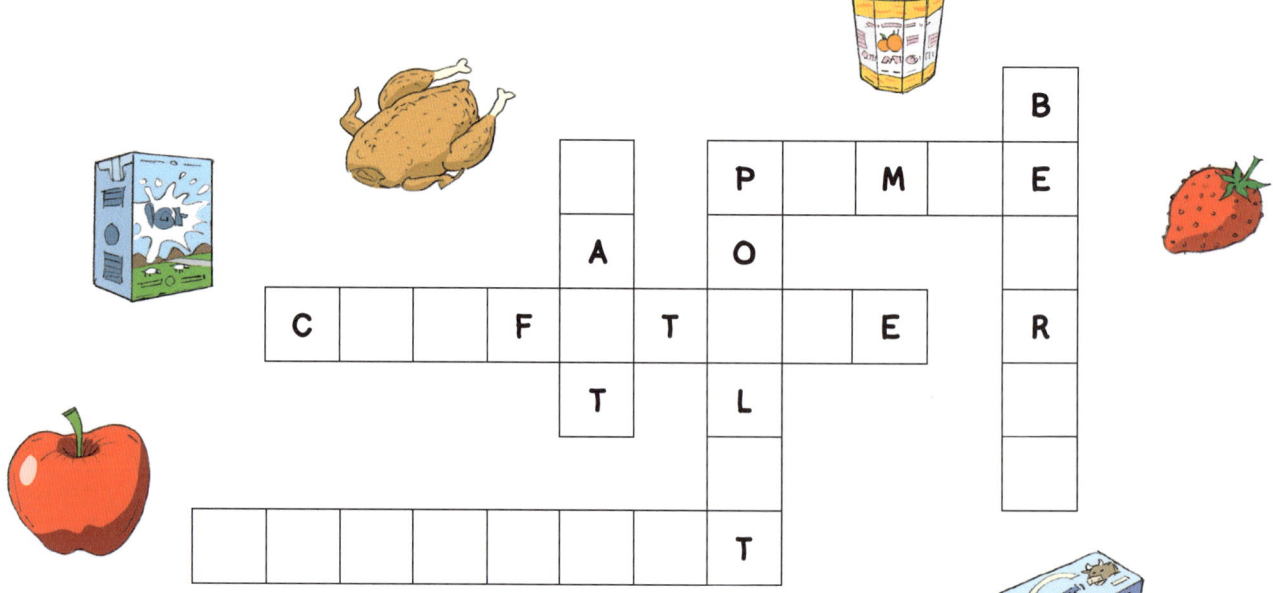

UNITÉ 6

Qu'est-ce que tu manges ?

1. Écris le nom des aliments et ajoute *du, de la, de l'* ou *des*.

Le petit-déjeuner   Le déjeuner

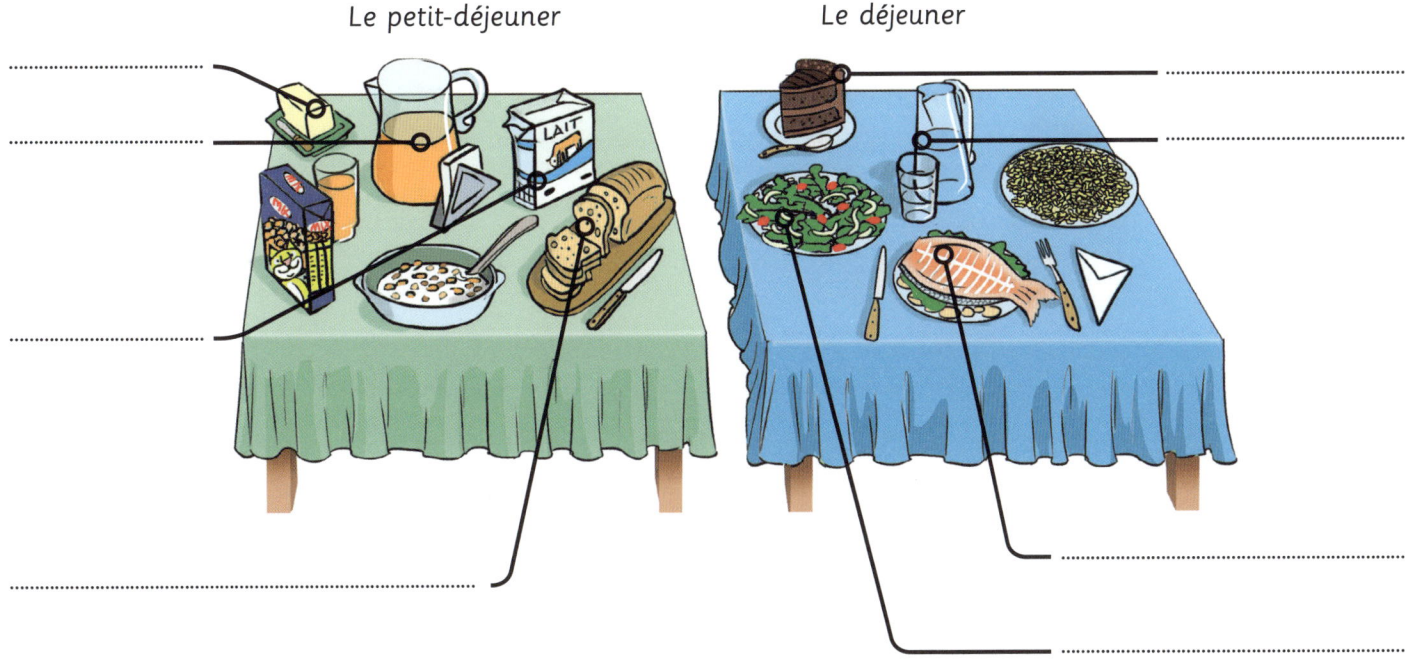

2. Écris le nom des objets qui sont sur la table.

Il manque un élément du couvert. Dessine-le et écris son nom.

3. Écoute. Tu entends [ã] ou [ɔ̃]. Coche la bonne case. 28

	a.	b.	c.	d.	e.	f.
[ã]						
[ɔ̃]						

J'ai faim, j'ai soif

1. **Lis le texte. Regarde le dessin et entoure les six erreurs du texte.**

   J'aime la cantine. Aujourd'hui, il y a des carottes râpées. Le plat principal, c'est du riz avec des haricots verts et un hamburger. Il y a aussi du lait et des yaourts. En dessert, il y a des fruits : des bananes, des pommes et des poires. Il y a aussi de la tarte aux pommes. Et il y a de l'eau.

   Maintenant, corrige les erreurs.

   a. Il n'y a pas ....
   b. Il ....
   c. ....
   d. ....
   e. ....
   f. ....

2. **Mets les phrases à l'impératif.**

   a. Amina mange les légumes. → .... les légumes.
   b. Noah verse le lait dans le bol. → .... le lait dans le bol.
   c. Théo ajoute des fraises et décore le gâteau. → .... des fraises et .... le gâteau.
   d. Théo mélange les œufs et la farine. → .... les œufs et la farine.

1 2 3 **4** GRAMMAIRE LECTURE DÉCOUVERTES CULTURELLES VIDÉO DELF ÉVALUATION

UNITÉ 6

Les spécialités régionales

1. Complète la carte. Place les villes suivantes :

Paris - Strasbourg - Rennes - Marseille - Toulouse - Lille - Bordeaux - Dijon - Nantes

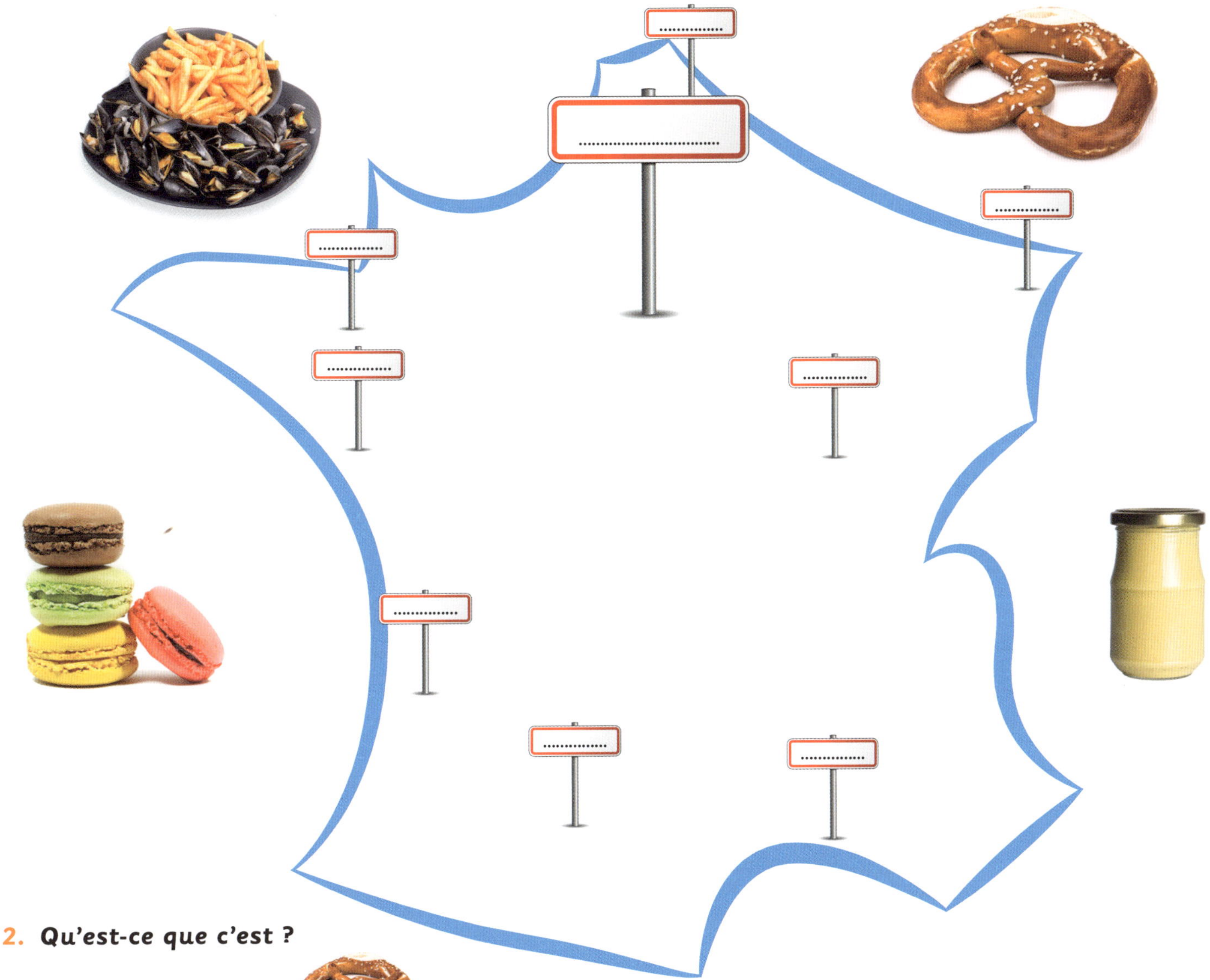

2. Qu'est-ce que c'est ?

a. .... 
b. .... 
c. .... 
d. ....

3. Vrai ou Faux ? Coche la bonne case.

	Vrai	Faux
a. À Dijon, il y a de la moutarde.	☐	☐
b. À Strasbourg, il n'y a pas de bretzels.	☐	☐
c. La spécialité de Toulouse, c'est les crêpes.	☐	☐
d. À Marseille, on prépare la bouillabaisse.	☐	☐
e. À Bordeaux, on mange des cannelés.	☐	☐
f. À Lille, il y a des moules et des frites.	☐	☐

soixante et un • 61

UNITÉ 6 — 1 2 3 4 — Grammaire — LECTURE DÉCOUVERTES CULTURELLES VIDÉO DELF ÉVALUATION

1. **Classe les mots suivants dans le tableau. Ajoute *le, la, l'*.**

   sucre – orange – poulet – beurre – pomme – riz – fromage – fraise – tomate

Masculin	Féminin
Le sucre, ...	....

2. **Complète avec le bon article : *du, de la, d', des*.**

   a. Il boit .... jus d'orange.
   b. Il mange .... poulet avec .... haricots verts.
   c. Je voudrais un kilo .... sucre.
   d. Aujourd'hui en dessert, il y a .... fraises.
   e. Ajoute .... sauce tomate.
   f. Il adore les frites avec .... ketchup.

3. **Conjugue les verbes à la deuxième personne du singulier de l'impératif.**

   a. (Manger) .... les fraises.
   b. (Couper) .... les légumes.
   c. (Ajoute) .... le sucre.
   d. (Mélanger) .... le lait avec le chocolat.
   e. (Verser) .... la préparation dans un bol.
   f. (Mixer) .... le lait, les fraises et le sucre.

4. **Complète avec « j'ai faim » et « j'ai soif ».**

UNITÉ 6

1. Relie le dessin à la race de vache.

En France, il existe différentes races de vache. Elles ont toutes un nom particulier.

a.

1. Salers
Mes cornes sont grandes et fines et ma robe est marron, obscure et frisée.

b.

2. Normande
Mon ventre est blanc mais, sur mon dos, j'ai des taches marron. Il y a une ligne noire autour de mes yeux.

c.

3. Prim Holstein
Ma robe porte des taches noires et blanches.

d.

4. Blonde d'Aquitaine
Je suis grande et blonde, mes cornes sont blanches.

e.

5. Limousine
Je suis grande et très musclée. Ma robe est rousse.

2. Cite deux produits laitiers.

....

soixante-trois • 63

UNITÉ 6

  GRAMMAIRE LECTURE  VIDÉO DELF ÉVALUATION

Découvertes culturelles

QUELQUES SPÉCIALITÉS DE PAYS FRANCOPHONES

1. Associe chaque spécialité à son pays.

2. Associe les spécialités et leurs ingrédients.

a. Gaufres • • Lait, farine, sucre, levure, œufs
• Frites, fromages, sauce brune
b. Poutine • • Lait, beurre, œufs, sel, farine, sucre
• Spaghettis, fromage, sauce brune
c. Couscous • • Lait, beurre chocolat, farine, sucre
• Lait, sel, farine, œufs
d. Crêpes • • Viande, légumes, œufs
• Viande, légumes, semoule

3. Lis la devinette et écris le nom du plat.

La fondue (Suisse)   Un gratin Dauphinois (France)   Des baklavas (Tunisie)

a. Je suis une spécialité française à base de pommes de terre. Je suis le ....
b. Mon ingrédient principal est le fromage. On me mange avec du pain. Je suis la ....
c. Dans ma recette, il y a du miel et du sucre. Je suis un dessert. Je suis le ....

   GRAMMAIRE LECTURE DÉCOUVERTES CULTURELLES  DELF ÉVALUATION  UNITÉ 6

Dessin animé

 **CARNAVAL À QUÉBEC**

Regarde le dessin animé et réponds aux questions.

1. Où est Théo ? Coche la bonne case.

   ☐ **a.** À Paris   ☐ **b.** Au Québec   ☐ **c.** À Marseille

2. Qu'est-ce qu'il y a dans la valise de Théo ?

   ....

   ....

   ....

3. Comment s'appelle l'amie de Théo ?

   Elle s'appelle ....

4. Entoure les objets importants pour participer au carnaval de Québec.

   un pantalon chaud   **une flûte**   **une trompette**

   UN MASQUE   *une ceinture fléchée*   **UN BONNET**   *un bonhomme de neige*

5. Le plat traditionnel du Québec est…

   ☐ **a.**   ☐ **b.**   ☐ **c.**

6. Le père de Rosalie est…

   ☐ **a.** professeur et sculpteur de glace.
   ☐ **b.** ingénieur et sculpteur de glace.
   ☐ **c.** professeur et ingénieur.

7. Qui c'est ?

   ....

8. Saucisse gagne la course de traîneaux ?

   ☐ Oui   ☐ Non

9. Où Théo invite son amie ?

   ....

soixante-cinq • 65

UNITÉ 6

LA CUISINE DE RAPH'

1. Comment s'appelle la recette ?

☐ **a.** Un gâteau au chocoloat marron.
☐ **b.** Un fondant au chocolat à la crème de marron.
☐ **c.** Un gâteau aux marrons.

2. Entoure les ingrédients du gâteau.

3. Mets dans l'ordre la recette.

		Étape n°
a. Fais fondre le chocolat 1 minute.		1
b. Monte les blancs d'œufs en neige.		....
c. Ajoute les jaunes d'œufs.		....
d. Mélange les blancs d'œufs en neige avec la crème de marron et les jaunes d'œufs.		....
e. Ajoute la crème de marron.		....
f. Mélange la crème de marron et les jaunes d'œufs.		....
g. Place le plat dans le four.		....

4. Le plat est au four...

☐ **a.** 1 minute.
☐ **b.** 25 minutes.
☐ **c.** 35 minutes.

5. C'est l'anniversaire de :

☐ **a.** Raph'.
☐ **b.** Arthur.
☐ **c.** Alice.

GRAMMAIRE LECTURE DÉCOUVERTES CULTURELLES VIDÉO ÉVALUATION

UNITÉ 6

Entraînement DELF Prim

COMPRÉHENSION ORALE

1. Écoute et entoure le bon dessin.

a.   b.   c.

2. Regarde les dessins. Écoute les messages et note le numéro du message sous le dessin correspondant.

a. ....   b. ....   c. ....

PRODUCTON ORALE

1. Qu'est-ce qu'il y a dans le panier de Marco ? Donne le nom des produits.

2. Jouez la scène à deux. Tu es au restaurant. Tu passes ta commande, le professeur est le serveur.

soixante-sept • 67

UNITÉ 6

    GRAMMAIRE  LECTURE  DÉCOUVERTES CULTURELLES  VIDÉO   ÉVALUATION

Entraînement DELF Prim

COMPRÉHENSION DE L'ÉCRIT

1. Émilie est au supermarché. Entoure les cinq aliments de la liste d'Émilie.

Acheter :
- 4 yaourts
- confiture
- fraises
- lait
- œufs

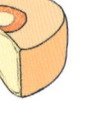   

2. Mets la recette dans l'ordre.   Étape n°

   e. Verse dans un moule.   ....

   a. Fais fondre le chocolat 1 minute.   ....

   f. Place le moule dans le four pendant 30 minutes.   ....

   b. Ajoute le chocolat fondu au mélange crème de marron-jaunes d'œuf.   ....

   g. Déguste avec tes amis !   ....

   c. Monte les blancs d'œuf en neige.   ....

   d. Ajoute les blancs d'œuf en neige au mélange crème de marron-jaunes d'œuf.   ....

   b. Mélange la crème de marron et les jaunes d'œuf.   ....

EXPRESSION ÉCRITE

1. Regarde les photos et écris le menu de la cantine.

Entrée	....
Plat	....
Produit laitier	....
Dessert	....

2. Observe les images et écris la recette du gâteau au chocolat de Lou.

Ingrédients :
- Beurre
- Sucre (une cuillère)
- Farine (une tasse)
- Lait (une tasse)
- Levure

....

soixante-huit

   GRAMMAIRE LECTURE DÉCOUVERTES CULTURELLES VIDÉO DELF  Évaluation  UNITÉ 6

1. Écris le nom de ces différents objets.

a. .... b. .... c. .... d. ....

.... / 2 points

2. Coche la bonne réponse.

 Hum... une tarte aux fraises !
a. ☐ J'ai faim.
b. ☐ J'ai soif.

.... / 1 point

3. Complète avec du, de la, de l' ou des.

a. La maman de Théo prépare .... poisson pour le dîner.
b. Tu préfères .... jus d'orange ou .... eau ?
c. Le matin, je mange .... croissants avec un chocolat chaud.

.... / 3 points

4. Coche la phrase à l'impératif.

a. ☐ Tu manges une pomme.
b. ☐ Mange une pomme.

.... / 1 point

5. Complète les mots avec an ou on.

un croiss..........t   un poiss............   un p............tal ....

.... / 3 points

Total : .... / 10 points

Lexique

Unité 1

saluer : ....
bonjour : ....
bonsoir : ....
au revoir : ....
salut : ....

ça va ? : ....
bien : ....
comme ci, comme ça : ....
génial : ....
mal : ....
super : ....

la musique : ....
une clé de sol : ....
une portée : ....
une note de musique : ....
s'appeler : ....
habiter : ....
un numéro : ....
une rue : ....
un bonbon : ....

Unité 2

le matériel scolaire : ....
un cahier : ....
des ciseaux : ....
un crayon : ....
un feutre : ....
une gomme : ....
un livre : ....
une règle : ....
un sac à dos : ....
un stylo : ....
un taille-crayon : ....
une trousse : ....
un tube de colle : ....

le calendrier : ....
un anniversaire : ....

une date : ....
un mois : ....
janvier : ....
février : ....
mars : ....
avril : ....
mai : ....
juin : ....
juillet : ....
août : ....
septembre : ....
octobre : ....
novembre : ....
décembre : ....
une semaine : ....
lundi : ....
mardi : ....
mercredi : ....
jeudi : ....
vendredi : ....
samedi : ....
dimanche : ....
un ballon : ....
un feu d'artifice : ....
égal : ....
moins : ....
plus : ....

les couleurs : ....
blanc : ....
bleu : ....
gris : ....
jaune : ....
marron : ....
noir : ....
orange : ....
rose : ....
rouge : ....
vert : ....

Lexique

Unité 3

les jeux et les cadeaux : ....
- un cadeau : ....
- un CD : ....
- un cerf-volant : ....
- un drone : ....
- un skateboard : ....
- un jeu de réalité virtuelle : ....
- un robot : ....
- un jeu de cartes : ....
- un puzzle : ....
- une télévision : ....
- un avion : ....
- un taxi : ....
- un croissant : ....
- un gâteau : ....
- un hamburger : ....
- une galette : ....

Unité 4

la famille : ....
- le grand-père : ....
- la grand-mère : ....
- le père : ....
- la mère : ....
- le fils : ....
- la fille : ....
- l'oncle : ....
- la tante : ....
- le cousin : ....
- la cousine : ....

situer : ....
- devant : ....
- derrière : ....
- dans : ....
- sur : ....
- sous : ....
- à côté de : ....

les animaux : ....
- une araignée : ....
- un caméléon : ....
- un chat : ....
- un chien : ....
- un crocodile : ....
- un hamster : ....
- un lapin : ....
- un lion : ....
- un loup-garou : ....
- un oiseau : ....
- un poisson : ....
- un serpent : ....
- une souris : ....

Unité 5

les parties du corps : ....
- une bouche : ....
- un bras : ....
- des cheveux : ....
- un cou : ....
- un doigt : ....
- une épaule : ....
- un genou : ....
- une jambe : ....
- une main : ....
- un nez : ....
- un œil : ....
- une oreille : ....
- un pied : ....
- une tête : ....

la description physique : ....
- blond(e) : ....
- brun(e) : ....
- court(e) : ....
- frisé(e) : ....
- grand(e) : ....
- long(ue) : ....
- petit(e) : ....
- roux/rousse : ....

Lexique

les vêtements et les accessoires : ....
un bonnet : ....
une ceinture : ....
un chapeau : ....
une chaussure : ....
une écharpe : ....
une jupe : ....
des lunettes de soleil : ....
un maillot de bain : ....
un pantalon : ....
un pull : ....
une robe : ....
une sandale : ....
un short : ....
un t-shirt : ....

les saisons et le temps : ....
le printemps : ....
l'été : ....
l'automne : ....
l'hiver : ....
Il fait beau. : ....
Il fait froid. : ....
Il fait chaud. : ....
Il neige. : ....
Il pleut. : ....
Il y a du soleil. : ....

Unité 6

les aliments : ....
le beurre : ....
un bifteck : ....
le chocolat : ....
la confiture : ....
une crêpe : ....
la farine : ....
une fraise : ....
les frites : ....
le fromage : ....
les haricots verts : ....

le lait : ....
la levure : ....
un melon : ....
la moutarde : ....
un œuf : ....
une omelette : ....
une orange : ....
le pain : ....
une pêche : ....
une pizza : ....
une poire : ....
le poisson : ....
une pomme : ....
une pomme de terre : ....
le poulet : ....
le riz : ....
une salade : ....
une saucisse : ....
les spaghettis : ....
le sucre : ....
une tarte aux pommes : ....
une tomate : ....
un yaourt : ....

les couverts et la cuisine : ....
une assiette : ....
un couteau : ....
une cuillère : ....
une fourchette : ....
une nappe : ....
une serviette : ....
un verre : ....
un caddie : ....
un four : ....

les repas : ....
le petit-déjeuner : ....
le déjeuner : ....
le goûter : ....
le dîner : ....
J'ai faim. : ....
J'ai soif. : ....